Second Place

Second Place

Poems by
Katerina Stoykova-Klemer

From the Film
Proud Citizen

Accents Publishing • Lexington, Kentucky • 2015

Copyright © 2015 by Katerina Stoykova-Klemer
All rights reserved

Printed in the United States of America

Accents Publishing
Cover Image: Photo by Thomas Southerland
Cover Design: Simeon Kondev

ISBN: 978-1-936628-30-8
First Edition

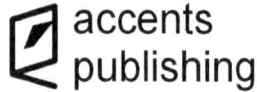

Accents Publishing is an independent press for brilliant voices. For a catalog of current and upcoming titles, please visit us on the Web at

www.accents-publishing.com

Contents

The First Time I Tried to Leave Home / 2
Опитвам се да напусна дома си за първи път / 3
Dad, Do You Remember, / 6
Татко, помниш ли, / 7
The six-year-old girl told her father she didn't love him. / 8
Шест годишното момиче каза на баща си, че не го обича. / 9
One day I got so mad, / 10
Един ден се вбесих така, / 11
Poems / 12
Стихове / 13
Coal Miner to His Daughter / 14
Миньор говори на дъщеря си / 15
Dad, Do You Remember, / 18
Татко, помниш ли, / 19
My Mother Was Going to War / 20
Майка ми отива на война / 21
Last Trip to the Movies / 22
Последно кино / 23
Biting / 24
Хапене / 25
Often I Wish I Were / 26
Често ми се иска / 27
Food / 28
Доматите носят любов. / 29

Acknowledgments / 31

My deepest gratitude to Director Thom Southerland and the entire cast and crew of *Proud Citizen* for this amazing experience. I couldn't be happier to have shared some of my poems in this film.

—Katerina Stoykova-Klemer

The First Time I Tried to Leave Home

I told my friend I have decided that I am leaving home
and moving in with my grandparents.

She said, "Oh, yeah? Which bus are you taking?"

I didn't know.
I asked my father which bus to take.
He said I should take bus number 12.

I told my friend, "Bus number 12."
She said, "Oh, yeah? You sure? Number 12 or number 12 A?"

I didn't know.
I asked my father number 12 or number 12 A.
He said I should take bus number 12, not 12 A.

I told my friend, "Bus number 12."
She said, "Oh, yeah? At which stop do you need to get off?"

I didn't know.
I asked my father which stop.
He said I should get off at the sixth stop.

I told my friend "The sixth stop."
She said, "You lie! You don't have a ticket."

I didn't have a ticket.
I asked my father for a ticket.
He gave me a ticket.

I told my friend, "I have a ticket and I am leaving now."
And I left.

I walked towards the bus stop and when I got there I waited along
with the other people for the bus to come.

And when the bus came I asked the people,
"Excuse me please, is this bus number 12?

Опитвам се да напусна дома си за първи път

Казах на приятелката си, че съм решила да напусна дома си и да се преместя при баба и дядо.

Тя каза: "Така ли? Кой автобус трябва да хванеш?"

Аз не знаех.
Попитах баща си кой автобус да хвана.
Той каза, че трябва да хвана автобус номер 12.

Казах на приятелката си: "Автобус номер 12."
Тя попита: "Сигурна ли си? 12 или 12 А?"

Аз не знаех.
Попитах баща си 12 или 12 А.
Той каза да хвана 12, не 12 А.

Казах на приятелката си: "Автобус номер 12."
Тя попита: "Така ли? А на коя спирка трябва да слезеш?"

Аз не знаех.
Попитах баща си на коя спирка трябва да сляза.
Той каза да сляза на шестата спирка.

Казах на приятелката си: "Шестата спирка."
Тя каза: "Ти лъжеш! Ти нямаш билет!"

Аз нямах билет.
Поисках билет от баща си.
Той ми даде билет.

Казах на приятелката си: "Имам билет и вече тръгвам."
И тръгнах.

Запътих се към автобусната спирка и когато стигнах там с останалите хора зачаках автобуса.

И когато той дойде попитах хората
"Извинете моля, това автобус номер 12 ли е?

I have a ticket."

They said yes, and I tried to climb onto the bus,
but my foot in a red sandal could not reach high enough.

A nice man grabbed me under my armpits
and lifted me up onto the first step.
"There," he said.
From that point on I could climb the rest.

But as the bus was closing its accordion doors
with an accordion sound,
I heard the violin voice of my mother.
"Wait!
Wait!
Bring her down."

And the helpful people
that helped me on
helped me off.

My mother embraced me,
and I missed the bus.

Аз имам билет."

Те казаха: "Да", но когато се опитах да се кача
кракът ми, обут в червен сандал, не можа да стигне
толкова високо.

Един добър човек ме грабна под мишниците
и ме вдигна на първото стъпало.
"Хайде" – каза той.
Оттам нататък можех и сама.

Но когато автобусът затваряше акордеонови врати
с акордеонови ноти
чух цигулковия глас на моята майка:
"Спрете!
Спрете!
Върнете детето."

И добрите хора
които ми помогнаха нагоре
ми помогнаха надолу.

Майка ми ме гушна
и аз изпуснах автобуса.

Dad, Do You Remember,

I was five. One afternoon
you woke up tired and sent me

to the store to buy you cigarettes.
On the way I met a friend,

so I forgot and started playing.
You waited livid, then ran out

and found me. She and I were busy
stuffing our socks with pebbles and jumping.

You started hitting me on the street,
then dragging me towards the apartment.

Dad, do you remember, I didn't cry
in the elevator, while you clutched

my wrist and chatted
with a kindly neighbor.

Татко, помниш ли,

един следобед се събуди уморен.
Аз бях на пет и ти ме прати
за цигари. По пътя срещнах своя
приятелка и забравих.

Ти чакаше вбесен, после излезе
и ме намери. Двете с нея
си играехме. Пълнихме чорапите си
с камъчета и подскачахме.

Ти започна да ме удряш
на улицата, после ме задърпа
към къщи. Татко, помниш ли
как стисках устни

да не заплача в асансьора, докато
ме стискаше за китката
и разговаряше приятелски
с учтив съсед.

***

The six-year-old girl told her father she didn't love him.

It was a fine, unusually calm Saturday. They had just finished eating the food the mother had served for lunch. The TV was on.

Dad, I don't love you. I don't love you at all, the girl said.
She didn't think that he'd care, but he got very upset.

He yelled *I am leaving this house. I won't stay in a place where people don't love me,* and without hitting anyone, he slammed the door and disappeared for the afternoon, despite his wife's crying and his daughter's confused, contradictory apologies.

***

Шестгодишното момиче каза на баща си, че не го обича.

Беше приятна, необикновено спокойна събота. Майката отсервираше обяда и миеше чинии. Телевизорът работеше.

Татко, аз не те обичам. Никак не те обичам. Каза момиченцето. Тя не мислеше, че това има значение, но бащата много се обиди.

Той закрещя: *Напускам тази къща! Не мога да остана там, където не ме обичат.* И без да удари никого, затръшна вратата и изчезна до края на деня, въпреки молбите на жена си и обърканите, противоречиви извинения на момичето.

***

One day I got so mad,
I almost hit my mother.

She leaned back cornered to the wall,
eyes wide with surprise

and fear. I was, in fact,
much stronger. After her

three years of growing cancer,
liver bulging like a baby bump,

there was no doubt
who would be the winner.

I can't remember what she'd said
to make me flip,

but I cannot forget
helping her lie back in bed

after that.

***

Един ден се вбесих така,
че почти ударих майка си.

Тя се сви до стената в ъгъла,
очите й облещени от изненада

и страх. След три години
боледуване от рак, дроб издут

като че е утроба с бебе, нямаше съмнение
коя е по-силната от двете ни.

Не мога да си спомня
какво каза, че ме ядоса толкова,

но не мога да забравя
как после й помогнах да си легне.

Poems

When she got really sick,
my mother wrote poems.

Secretly.

In a little notebook.

I found them a month after she died
when I was looking for money.

(She always tucked away
a few notes for me, just in case.)

I read the poems.

They had no literary value.

They were too personal,
had too much lament
over her own upcoming death
and mostly described how,
if she could,
she would never let another woman
touch my father.

There were no poems about me.

But I did find money.

Стихове

Когато се разболя,
мама пропиbeetles стихове.

Тайно.

В малка тетрадка.

Намерих ги месец след смъртта й,
докато търсех пари.

(Тя винаги криеше за мен
по някоя банкнота.)

Прочетох стихотворенията.

Нямаха литературна стойност.

Бяха твърде лични.
Пропити с прекалено много жал
по предстоящата й смърт.
Най-вече описваха как,
ако можеше, никога не би допуснала
друга жена да докосва баща ми.

Нямаше стихотворения за мен.

Но намерих пари.

Coal Miner to His Daughter

Be number one.

And if you can't,
at least
be in the top three.

If you think you can't make it,
take this broom and start
sweeping the streets
with the Gypsies
right now,

because all your life
you will be nobody,
and people will treat you like dirt,
and you will have to work
heavy labor.

Your grandmother worked
in a brick factory,
but she was a tough woman
with big arms
and calves.

Can you carry wet bricks?
I know you can't
dig with a shovel.
Look at you—
all delicate and coddled.

Your mother didn't even let you
ride a bike
or eat ice cream.

You must study hard
because
there is nobody to help you.

Миньор говори на дъщеря си

Трябва да си първа.

И ако не можеш,
поне бъди
сред първите три.

Ако и това не можеш,
още сега вземи тази метла
и излез на улицата
да метеш със циганките,

защото цял живот
ще бъдеш никой,
хората ще те презират,
и ще трябва да работиш
черен труд.

Баба ти работеше
в тухлена фабрика,
но тя беше яка жена
с големи ръце и прасци.

Можеш ли да мъкнеш
мокри тухли?

Знам, че не можеш
да копаеш с лопата.
Погледни се—
изнежена и крехка.

Майка ти не позволи
да ядеш сладолед,
нито да караш колело—
за да не гълташ студения въздух.

Трябва да учиш здраво, защото
няма кой да ти помогне.

The Party says
we need
inherited professions.

If I were a king—
you would be a queen.
If I were a doctor—
you would be a doctor.
What does this mean to you?
You are a miner's daughter.

You have to study,
and you have to fight.

Nothing will come to you on a platter.

In this world
there is space for only the first

and maybe the second.

OK, fine!
At times,

there is also a place
for number three.

The rest are just fillers
and lowlifes like me.

Партията казва:
трябват ни наследствени професии.

Ако аз бях цар,
ти щеше да си царица.
Ако аз бях доктор,
ти щеше да си докторица.

Трябва да учиш много здраво,
и да се бориш.
Нищо няма да ти дойде наготово.

В този живот
има място само за първия.

Може би за първите три.

Останалите са пълнеж
и нищожества като мен.

Dad, Do You Remember,

again it was summer.
Mom and I ran away

again. We called to say
we wouldn't be back, and neither

would we forgive you,
and that was that. The end!

Татко, помниш ли,

пак беше лято.
Мама и аз избягахме пак.

Обадихме се да ти кажем,
че вече няма да се връщаме,

нито да ти прощаваме,
и това беше. Край!

My Mother Was Going to War

I had a dream—
my mother was going to war.

In her slippers
and cotton nightgown, loose
over the large tumors,
my mother was going to war.

I cried and begged her,
"Mom,
stay with us.

Stay with us
for two more days—
the war may end,
and you won't even have to fight, Mom.

Besides,
how can you carry
the knife,
the pistol,
the machine gun?"

Mom looked at me
and sighed,
but I saw that she
already listened only
to the distant gunfights.

Майка ми отива на война

Сънувах, че майка ми отива на война.

По чехли
и памучна нощница,
разхлабена
около едрите й тумори.

Молих я и плаках:
"Мамо,
остани при нас.

Остани при нас
поне още два дни –
може да свърши войната.
И ти, мамо, си слаба.

Как ще носиш
ножа,
пистолета,
автомата?"

Тя ме погледна
и въздъхна,
но видях, че вече само
слушаше престрелките
в далечината.

Last Trip to the Movies

We asked her where she'd been.
She said she'd gone to see
the new Eddie Murphy movie.

I asked you to take me,
but you never found the time.

I watched her from the balcony.

With small, careful steps
she was returning home
with nobody's help.

Последно кино

Попитахме я: *Къде беше.*
Тя каза, че е ходила да гледа
новия филм с Еди Мърфи.

Молих ви да ме заведете,
но все не ви оставаше време.

Гледах я от терасата.

С малки, бавни стъпки
се връщаше вкъщи
без ничия помощ.

Biting

As a small child
I bit everyone
I was not afraid of.

I snapped sharp jaws
over fat arms or cheeks,
and pleased, I kept my teeth squeezed
while everybody screamed.

I often bit Racheto
because she couldn't say "R."

Her grandmother tried
to keep her
away from me,

but I cried,
repented,
pledged

I wouldn't bite again,

and meant it for the most part.

Racheto died
from childhood cancer,
and her teary grandmother gave me all
her toys to play with
since no kids would come near me.

Хапене

Като малка
хапех всички,
от които не се страхувах.

Сключвах остри челюсти
върху дебели ръце и бузи
и доволна ги държах стиснати,
докато всички плачеха.

Често хапех Рачето,
защото не можеше да казва *Р*.

Баба й се опитваше
да я държи
далеч от мен,

но аз плачех,
разкайвах се,
заклевах се,

че повече няма да я хапя,

и общо взето си вярвах.

Рачето почина
от рак, и разплаканата й баба
ми подари всичките й играчки,
понеже децата не искаха да играят с мен.

Often I Wish I Were

a potato.

Eyes opened
in all directions.

Unafraid
of the cold earth.

The difference
between life and death
for somebody.

Често ми се иска

да съм картоф.

Да имам очи отворени
във всички посоки.

Да не се стахувам
да влизам в земята.

Да съм въпрос на
живот или смърт
за някого.

Food

Tomatoes bring love.
Potatoes raise consciousness.

Onions spring compassion.
Mulberries promote change.

Corn is a generous mother.
Artichokes are modest knights.

You cannot love thy neighbor
without eating your vegetables.

You can stop world wars
with the kindness of a single fruit cup.

* * *

Доматите носят любов.
Картофите подобряват разсъдъка.

Лукът е извор на съчувствие.
Черницата подтиква към промени.

Царевицата е щедра майка.
Артишокът – скромен рицар.

Не можеш да обичаш ближния,
без да си ядеш зеленчуците.

Можеш да спреш световни войни
с добротата на един компот.

Acknowledgments

"The First Time I Tried to Leave Home," "My Mother Was Going to War" and "Often I Wish I Were" are from Katerina's first book, *The Air Around the Butterfly* (Fakel Express, 2009)

"Dad, do you remember, I was five" was published in *Diode Poetry Journal*

"One day I got so mad" was published in *The Louisville Review*

"Food" is from Katerina's latest English-language book, *The Porcupine of Mind* (Broadstone Books, 2012)